AF313048

EMMAÜS

PAR

C. MAUSS

ANCIEN ARCHITECTE DE L'ÉGLISE SAINTE-ANNE A JÉRUSALEM

PARIS

ERNEST LEROUX, ÉDITEUR

28, RUE BONAPARTE, 28

1901

EMMAÜS

PAR

C. MAUSS

ANCIEN ARCHITECTE DE L'ÉGLISE SAINTE-ANNE À JÉRUSALEM

PARIS

ERNEST LEROUX, ÉDITEUR

28, RUE BONAPARTE, 28

—

1901

ANGERS. — IMPRIMERIE A. BURDIN ET Cᵒ, 4, RUE GARNIER.

EMMAÜS

Deux traditions importantes et fort anciennes sont attachées au site d'Abou-Gosch, village qu'on rencontre à *13^k,33* sur la route qui descend de Jérusalem à Jaffa.

La première, recueillie en 1851 par M. le marquis de Vogüé, considère ce site comme étant celui de l'*Emmaüs évangélique.*

La seconde, dont on retrouve la trace dans une charte du xiiie siècle mentionnée par M. Rey, identifie Abou-Gosch avec l'antique *Kiriath-Yearim* qui, d'après Eusèbe, se rencontrait sur la route de Jérusalem à Diospolis (Lydda).

Or, d'après saint Luc et Josèphe, Emmaüs était à 60 stades de Jérusalem. Eusèbe attribue IX milles romains à la distance comprise entre Jérusalem et Kiriath-Yearim.

Donc, si IX milles romains coïncident avec 60 stades, les deux traditions peuvent être acceptées comme vraies.

.·.

Le mille romain est connu. Il vaut *1.481^m,1128* ou 4.800 pieds de *308^{mm},5711.* Le rapport 9/60 = 3/20 détermine un stade de *222^m,1714.* C'est le stade asiatique dont une application construite a été relevée par l'Anglais Smith, en Asie Mineure, au stade des jeux de Laodicée.

.·.

Le rapport 3/20 entre le mille et le stade se trouve appliqué à d'autres évaluations de distances. D'après Eusèbe, *Anatoth* était à 3 milles au nord de Jérusalem. D'après Josèphe, ce village était à 20 stades. — C'est encore le stade de $222^m,1711$ dont se servait le géographe Ptolémée et qui valait 600 pieds de $370^{mm},285$.

**

Le pied de $370^{mm},285$ sert de commune mesure à la largeur et à la hauteur de la Grande Pyramide.

Le rapport de ces deux dimensions étant 40/63, on obtient :

$$\frac{\text{Hauteur}}{\text{Largeur}} = \frac{118^m,1142}{233^m,28} = \frac{400 \times 370^{mm},285}{630 \times 370^{mm},285} ;$$

d'où l'on tire :

$$\frac{118^m,1142}{222,1711} = \frac{400}{600} = \frac{2}{3} \quad \text{et} \quad \frac{233^m,28}{222,171} = \frac{630}{600} = \frac{21}{20}.$$

Le stade asiatique est donc à la largeur de la Grande Pyramide comme 20/21 et à la hauteur comme 3/2. — Ce qui prouve bien que les deux principales dimensions de la Grande Pyramide dérivent de la longueur du degré antique.

$$\left.\begin{array}{l} 118^m,1142 = 1/750 \\ 233^m,28 = 21/10,000 \\ 222^m,1711 = 1/500 \end{array}\right\} \begin{array}{c} \text{du degré antique} \\ \text{de} \\ 111.085^m,7142. \end{array}$$

**

Dans notre étude sur l'*Église de Saint-Jérémie*, nous avons dénommé le stade de $222^m,1711$, *stade de saint Luc*, pour bien spécifier qu'à l'époque des apôtres, on faisait usage, en Palestine, du *stade asiatique*. C'est à tort, croyons-nous, que, dans sa belle discussion sur Emmaüs, le savant Relandus a cru devoir employer le stade grec de $185^m,142$.

**

Toutes les versions de l'Évangile sont d'accord pour attribuer *60 stades* à la distance comprise entre Jérusalem et Emmaüs. La

version italienne de Giovannus Diodatus est même curieuse
en ce que, devançant, pour ainsi dire, les événements de l'histoire, elle traduit le mot : *bourg = vicus* par le mot italien *castello* :

« 13). *Hor'ecco, due di loro, in quel istesso giorno, andavano
in un castello, distante da Jerusalem sessanta stadi, il cui nome
(era) Emmaüs.* »

L'apparition du mot *castello* dans la version de Giovannus
Diodatus semble indiquer que cet auteur avait eu connaissance
de la tradition locale relative à l'existence d'un *castellum Emmaüs*.

.'.

Une opinion déjà ancienne place Emmaüs au site d'*Amoas* près
Latroun. Là, en effet, ou à peu de distance, existait une ville
importante que les historiens nomment Emmaüs-Nicopolis. Mais
ce site est encore dans la plaine, à l'origine des montagnes de la
Judée. L'Emmaüs de saint Luc, étant à 60 stades de Jérusalem,
ne pouvait être que dans la partie montagneuse de la contrée.

.'.

Pour justifier cette opinion, on a dit que le texte original de
l'Évangile a été altéré et qu'au lieu de 60 stades, il faut lire
160 stades. C'est là un argument qu'on pourrait retourner. Il
faut aussi admettre qu'il s'est produit une double altération,
puisque Josèphe donne la même distance de 60 stades. — L'argument n'est d'ailleurs pas probant, car la distance de Jérusalem
à Nicopolis est indiquée, dans les anciens itinéraires, comme étant
de *XXII milles romains* et 22 milles romains ne correspondent
ni à 160 stades attiques, ni à 160 stades asiatiques.

Nicopolis était à X milles de Lydda, ce qui place Lydda à
XXXII milles romains de Jérusalem ou *47ᵏⁱˡ,390*.

.'.

Si l'on veut que cette discussion soit sérieuse, il faut employer
les mêmes unités de comparaison, dans le cas d'Emmaüs-Nicopolis comme dans celui d'Emmaüs-Abou-Gosch. — Or, XXII milles

romains ne font que 116 2 3 stades asiatiques, ce qui annule l'hypothèse des 160 stades.

Que si l'on emploie le stade attique de *185ᵃ,112*, on trouve, comme l'a très bien vu Relandus, que XXII milles romains font 176 stades et non 160.

Le rapport du stade attique au stade de saint Luc est 5/6.

On voit que l'erreur supposée ne tient pas devant les chiffres.

C'est en milles romains et non en stades qu'est indiquée la distance entre Jérusalem et Nicopolis. — Le mille romain est une longueur certaine et précise.

.'.

La conséquence de ce qui précède sera qu'on ne doit pas confondre l'Emmaüs de saint Luc qui était situé dans la montagne à *13ᵏ,330* ou 2ˡ,10 de Jérusalem, avec Nicopolis qui en était éloigné de *32ᵏ,585* ou 6ˡ 1,2 environ, et situé dans la plaine.

Ces preuves numériques que chacun peut vérifier ne sont pas les seules que nous possédions pour justifier la tradition recueillie en 1851 par M. de Vogüé.

.'.

Jusqu'en 1874, personne n'avait remarqué que la structure des murs extérieurs de l'église d'Abou-Gosch était différente de celle des parois intérieures qui sont couvertes de signes lapidaires tirés de l'alphabet européen; — personne n'avait encore signalé que la porte principale de l'église, ainsi que les fenêtres des bas-côtés, ont été construites *après coup*, et encastrées, pour ainsi dire, dans un mur plus ancien. Ce fut à cette époque qu'on découvrit un orifice quadrangulaire, donnant accès à une nappe d'eau qui s'étend sous une partie de l'église inférieure. — Il existe, en dehors de l'édifice, et à une faible distance une fontaine publique qui sert aux besoins du village d'Abou-Gosch, et explique la nappe souterraine mentionnée ci-dessus.

.'.

La structure extérieure de l'église d'Abou-Gosch, son plan,

l'énorme épaisseur des murs, — sa hauteur, — les mesures qu'on y relève, tout indique que nous sommes en présence d'un de ces forts si nombreux dans la contrée; d'un *castellum* dont l'intérieur a été transformé en église, vers le xiii° siècle.

.•.

Josèphe rapporte que Vespasien, après la chute de Jérusalem, fit construire à Emmaüs un *castellum* et y laissa une garnison de 800 hommes. On peut admettre que le *castellum* avait des dépendances et le considérer comme un donjon dans lequel, en cas d'alerte, la garnison pouvait se réfugier et se défendre contre une surprise de l'ennemi. En prévision de cette réclusion momentanée, il était indispensable d'avoir l'eau en abondance, à l'intérieur même du *castellum*. Un simple aqueduc de dérivation permit de l'amener au centre de l'édifice.

.•.

En 1660, le chevalier d'Arvieux visita Abou-Gosch qu'on lui désigna sous le nom d'*Anatoth*, patrie du prophète Jérémie. Ce qui explique le vocable actuel de cette église.

Déjà, en 1621, on désignait à Des Hayes, envoyé du roi de France, le village d'Abou-Gosch sous le nom d'*Anatoth* et on lui montrait *Emmaüs* à un quart de lieue de là. « Cela ne tient pas contre la critique », a dit Chateaubriand, car *Anatoth*, patrie de Jérémie, est situé au nord de Jérusalem, à 3 milles romains qui font 20 stades, mais la tradition d'Emmaüs s'était maintenue, appliquée au site d'Abou-Gosch.

.•.

Les eaux étaient tellement abondantes à Abou-Gosch, que d'Arvieux, en 1660, put voir encore *deux réservoirs fort anciens* qui recevaient les eaux de la colline sur laquelle le village est assis.

D'Arvieux était d'ailleurs d'un scepticisme prudent à l'égard de tout ce qu'on lui montrait. Il disait, en parlant de l'église d'Abou-Gosch : *Il est surprenant qu'on n'y ait point enterré quelque prophète!*

Si le chevalier pouvait revenir, on ne manquerait pas de lui faire visiter, à Sainte-Anne de Jérusalem, une grotte, *tout récemment creusée* et dans laquelle on montre *le tombeau de Sainte Anne*, non moins récent que la grotte où il se trouve placé[1].

Je dirai comme Chateaubriand : « Cela ne tient pas contre la critique », car cette grotte et ce tombeau n'existaient pas encore en 1890.

Je ne cesserai de protester contre cette flagrante altération de la simple et belle tradition de l'église Sainte-Anne, toujours la même pendant quatorze siècles.

L'Évangile nous enseigne « qu'il n'y a rien de secret qui ne doive être connu et que tout ce qui aura été fait dans les ténèbres sera placé dans la lumière ».

C'est dans l'église de la Vierge située au fond de la vallée de Josaphat que les Grecs ont, à toutes les époques, montré aux pèlerins les tombeaux de Sainte Anne et de Saint Joachim.

On en trouve la preuve non suspecte, dans l'ouvrage publié à Florence en 1596 par *Bernardino Amico*, ancien président du couvent du Saint-Sépulcre. Il était bien inutile d'en inventer d'autres, et de pousser l'esprit d'invention jusqu'à s'écrier devant un auditoire nombreux présidé par un consul :

— « Évohé! Évohé! — Nous avons enfin découvert le tombeau de Sainte Anne! »

Il n'est pas permis d'abuser ainsi de la bonne foi de ses auditeurs.

.˙.

Les réservoirs antiques constatés à Abou-Gosch par le chevalier d'Arvieux peuvent servir à expliquer un passage de Guillaume de Tyr, relatif au séjour que firent à *castellum Emmaüs* Godefroy de Bouillon et son armée.

---

1. Voir notre étude intitulée : *Invention du tombeau de Sainte Anne.*

Cet endroit, dit l'archevêque de Tyr, était pourvu de toutes les choses nécessaires à la vie et remarquable par l'abondance de ses eaux (*abundantiâ aquarum*). Nous avons mentionné ce passage important dans l'*Église de Saint-Jérémie* (t. I, p. 43-44).

Bien que Nicopolis fût pourvu de citernes comme on en rencontre partout, en Palestine, aucun texte ancien n'y signale l'existence d'une réserve d'eau aussi abondante qu'à Abou-Gosch.

L'eau et les distances sont les éléments principaux de toute discussion sur le site d'Emmaüs.

⁂

Dans ses *Colonies franques* M. Rey a mentionné un diplôme où se trouve le passage suivant : « *Castellum Emmaüs* et *Aquam Bellam*, et *Belveer* et *Saltum Muratum*, quae omnia confinio Jerosolymitano atque *territorio* ADHERENT. »

Nicopolis n'était pas sur le territoire de Jérusalem.

⁂

Comme preuve de la fertilité du territoire de Jérusalem M. Rey rappelle que c'est surtout dans la partie occidentale que l'on trouvait des bois d'une certaine importance, vers les casaux de Belle-Fontaine (Aqua Bella) — *Emmaüs* — et Saint-Jean-des-Bois.

⁂

Le *saltus* (Saltus Muratus, ci-dessus) était une grande mesure agraire des Romains, qui valait 4 *centuries* ou 800 *jugères*. Il représentait un carré de 4.800 pieds romains de côté, ce qui fait *1.421ᵐ,857*. Il serait intéressant de rechercher, aux environs d'Abou-Gosch, l'emplacement de ce *saltus* qui était *muratus*. C'était un domaine important de 202 hectares environ.

Le côté du *saltus* est au mille romain comme $\dfrac{296^{mm},228}{308,5714} = \dfrac{96}{100}$.

⁂

Au xiiᵉ siècle on donnait le nom de *Fontenoid* à la source voisine du château d'Emmaüs, et le château lui-même était parfois désigné sous le nom de *castellum Fontenoid*.

⁂

La charte qui mentionne la cession faite par Amaury de Franc-lieu à l'abbaye du Mont-Sion, du *casal de Kariateri*, prouve qu'il existait un *castellum* à Kariateri. Ce nom paraît être une cor-ruption de *Kariath-Yearim*.

⁂

Les murs — les piliers — les absides de l'église supérieure étaient couverts de peintures à fresque. — M. de Vogüé leur a trouvé une physionomie byzantine. — Nous avons pu en voir des traces très appréciables en 1874. — Des fouilles récentes ten-draient à prouver que l'église inférieure était ornée de la même manière. On a découvert sur les parois du grand corridor central des sujets assez bien conservés.

Les fragments que nous avons pu voir en 1874 nous avaient fait penser au Giotto (1266-1334) ou à Fra Giovanni da Fiesole (1387-1455). Ce dernier, devenu moine dominicain, couvrit de peintures à fresque les murs de son couvent. Le cas d'Abou-Gosch est analogue.

⁂

Jusqu'au moment de la cession faite par Amaury de Franclieu à l'abbaye du Mont-Sion, il n'est jamais question que d'un *casal*, que d'un *castellum*. On ne mentionne aucun monument religieux. La transformation de ce casal en église doit seulement remonter à l'époque de sa cession à l'abbaye du Mont-Sion.

⁂

Aux considérations qui précèdent on peut en ajouter quelques autres qui sont de pur raisonnement. Ainsi, l'épisode des gens de Beit-Lehm venant au camp de Godefroy pour demander du secours devient impossible si l'on suppose le camp des Croisés à Nicopolis.

Partant de Nicopolis à 1 heure après minuit, une troupe de cavaliers même avec de bons guides ne peut atteindre Beit-Lehm *summo diluculo*. Elle n'arrivera guère avant 7 ou 8 heures.

En plaçant le camp de Godefroy à Emmaüs-Abou-Gosch, tout le récit de Guillaume de Tyr s'explique facilement.

Dans le premier cas, il faut au moins 6^h 1/2, pour faire la route. Dans le second cas, il ne faut plus que 2^h 1/2.

.·.

Les Guides modernes ne signalent qu'un puits antique un peu au sud d'Amoas. Nous ne retrouvons pas là cette abondance d'eau que rappelle l'évêque de Tyr et que confirment, encore aujourd'hui, les sources d'Abou-Gosch et les bassins antiques visités en 1660 par le chevalier d'Arvieux.

.·.

M. Chauvet, auteur du *Guide de Palestine*, n'admet, d'ailleurs l'identification d'Amoas avec le *castellum Emmaüs* des Croisades que si l'on accepte le chiffre de 160 stades donné par quelques manuscrits. Nous avons vu plus haut que XXII milles romains font *116 2/3* stades asiatiques de *222^m,1711* et *176* stades attiques de *185^m,142*. Si l'on calcule en stades attiques, comme l'a fait Relandus, les 160 stades ne font que XX milles romains, au lieu de XXII marqués sur les anciens itinéraires. Pour qu'il y eût coïncidence entre XXII milles romains et 160 stades, il faudrait admettre un stade de *203^m,657*, absolument inconnu dans la métrologie antique.

.·.

Nous croyons à l'exactitude des ingénieurs romains qui plaçaient les bornes milliaires (*lapides*) sur le revers des voies publiques. Elle implique celle des anciens itinéraires. On l'a vu pour *Anatoth* qu'Eusèbe place à 3 milles de Jérusalem et Josèphe à 20 stades. Le rapport $\frac{3}{20}$ est le même que pour Emmaüs Abou-Gosch, et cela nous apprend que Josèphe faisait, dans certains cas, usage du stade asiatique de 222^m,1714.

.˙.

On peut encore trouver une autre application du stade asiatique dans un passage du *Livre des Macchabées* (II *Macc.*, xii, 9), qui mentionne la ville de *Jamnia* voisine de *Lydda*, comme étant à 240 stades de Jérusalem. Dans son commentaire, Relandus, qui calcule toujours en stades attiques, trouve fautif le chiffre du *Livre des Macchabées*, parce que, dit-il, la distance donnée pour Lydda = XXXII milles est déjà plus grande que 240 stades et que Jamnia était à l'occident de Lydda. Cela est vrai si l'on calcule en *stades attiques*.

Mais, en comptant en *stades asiatiques*, comme pour *Abou-Gosch* et pour *Anatoth*, la situation *relative* des deux villes se trouve rétablie, — sans fournir, toutefois, les 12 milles qu'indiquent les itinéraires entre Lydda et Jamnia.

Nicopolis était à XXII milles de Jérusalem; ce qui fait 146 2/3 stades asiatiques.

Lydda était à XXXII milles de Jérusalem, ce qui fait 213 1/3 stades asiatiques.

Jamnia, étant à 240 stades asiatiques, sera à XXXVI milles de Jérusalem. Ce qui rétablit la situation relative de ces deux villes.

Jamnia était plus éloignée de Jérusalem que Lydda et devait être sur le bord de la mer, puisque, après avoir châtié les habitants de Joppe, Judas Macchabée détruisit, en une nuit, les navires de Jamnia.

.˙.

Ces distances sont assez exactement confirmées par les observations des voyageurs modernes.

Le sieur Des Hayes évaluait la distance de Jaffa à Jérusalem à 14 lieues françaises.

Or, la lieue de France valait 4.443^m,577. C'était une parasange antique formée de 10.000 coudées égyptienne de 444^{mm},3577 ou 3 milles romains.

Les 14 lieues de Des Hayes font donc *XXXXII milles romains*
ou 280 stades asiatiques de *222ᵐ,1714*, ce qui placerait Jaffa à
X milles de Lydda. C'est, à très peu près, la distance qui sépare
ces deux villes.

Quarante-deux milles romains font 336 stades attiques et
280 stades asiatiques. Or, *Jamnia* était à peu près à la même distance de Lydda que Joppe. Ce qui prouve que les stades du
Livre des Macchabées ne peuvent être des stades attiques, puisque
ce livre ne mentionne que 240 stades.

.·.

Si les XXXXII milles romains entre Jérusalem et Jaffa étaient
certains, le chiffre de 240 stades du *Livre des Macchabées* pourrait leur être appliqué, car il existe un rapport exact entre ces
deux évaluations.

$$\frac{222^{m},1714}{VI}$$

I.	—	37,0285.
II.	—	74,0571.
III.	—	111,0857.
IV.	—	148,1142.
V.	—	185,1428.
VI.	—	222,1714.
VII.	—	259,2.
VIII.	—	296,2285.
IX.	—	333,2571.
X.	—	370,2857.

Quarante-deux milles romains
correspondent rigoureusement à
240 stades perses de *259ᵐ,2*.

Ce stade est formé de 600 pieds
de 432 millimètres et le pied de
432 millimètres est une des unités
principales de l'*Apadana de Suse*
et du *Pilier de Tello*.

On est donc autorisé à admettre
que le *Livre des Macchabées* a
voulu parler du stade perse de
259ᵃ,2 qui forme le VIIᵉ terme de
la série $\frac{222^{a},1714}{VI}$. Ce qui fournit
un nouvel exemple de l'interven-
tion du nombre *sept*.

On voit combien est grande l'incertitude qui résulte, en général, de l'emploi du stade dans les évaluations des anciens auteurs.
Avec le mille romain, toute incertitude disparaît. Le stade perse

de $259^m,2$ est au mille romain comme 7/10 et au stade de Khéops comme 10/9.

.·.

Il résulte de ces observations que les distances cotées en *milles romains* offrent plus de certitude que celles dont les cotes sont en stades, à cause de la variété des stades employés par les anciens auteurs. — Le mille *romain* est une longueur certaine et connue.

Les anciens *milles*, il est vrai, étaient aussi nombreux que les stades, puisqu'un mille, en général, représente 10 stades. C'est pourquoi nous spécifions le *mille romain* à cause de son rapport exact avec le *pied* de l'Égypte antique.

Mille romain $= 1.481^m,1428 = 4.800$ pieds égyptiens de $308^{mm},5711$.

$$\frac{\text{Pied égyptien}}{\text{Mille romain}} = \frac{0^m,308,571,4}{1.481^m,1428} = \frac{1}{4800}$$

$$= \frac{0^m,296,228}{1.421^m,897} = \frac{\text{Pied romain}}{\text{Côté du saltus}}$$

$$\frac{\text{Pied romain}}{\text{Pied d'Égypte}} = \frac{296^{mm},2285}{308^{mm},5714} = \frac{24}{25} = \frac{4.800}{5.000}$$

$$\frac{\text{Côté du saltus}}{\text{Mille romain}} = \frac{96}{100} = \frac{1.421^m,897}{1.481^m,142}$$

On voit que le côté du *saltus* diffère très peu d'un mille romain.

Le *saltus* était un domaine de 202 hectares environ, ou 20.200 ares.

.·.

Au xiiᵉ siècle, il y avait certainement aux environs de Jérusalem un canton qui portait le nom d'Emmaüs.

M. Rey, dans ses *Colonies franques*, le désigne ainsi :

« Emaus-Emmaus, *bourgade fortifiée* donnant son nom à l'un des cantons de Jérusalem — *la terre d'Emmaüs.* »

M. Rey ajoute qu'on croit en retrouver le site au village de

Koubeibeh, bien qu'il y ait, en cet endroit, *peu de traces de for-
tifications*.

A *Abou-Gosch* nous avons un *castellum* encore entier, et l'on
ne retrouve pas à Koubeibeh cette abondance d'eau qui servait à
désigner le *castellum*. — *Château Fontenoid* — *Château de la
Fontaine*. Dans le passage cité, Emmaüs est dans le voisinage
d'*Aqua Bella*, de *Belveer* et de *Saltus Muratus*. Or, M. Rey place
Belveer-Beauvoir à *Koustoul* qui est près d'Abou-Gosch, tandis
que Koubeibeh est fort loin de Koustoul, à plus d'une heure et
demie de marche, par les sentiers de la montagne. Comme nous
l'avons dit autre part, Koubeibeh a dû être un centre religieux
important. Mais l'église qu'on y a découverte en 1873 a été bâtie
de fond sur un terrain isolé. Elle n'est pas, comme l'église d'Abou-
Gosch, construite au centre d'un *castellum* antique, et cette par-
ticularité fait de l'église d'Abou-Gosch un monument tout à fait
digne d'appeler l'attention des archéologues.

⁂

Il est à supposer que si, dès le moyen-âge, une tradition chré-
tienne importante n'eût point été attachée spécialement à ce
castellum, les Croisés n'auraient pas eu l'idée de le transformer
en église.

L'église d'Abou-Gosch est un monument synthétique, si l'on
peut ainsi dire, qui se rattache aux faits les plus mémorables de
l'Évangile et de l'histoire. Par elle-même, elle consacre la gloire
des Croisades ; — par ses murs extérieurs, elle rappelle la victoire
de Titus et la destruction de Jérusalem ; — par le nom même du
castellum dans l'intérieur duquel elle est inscrite, elle confirme
le récit de l'évangéliste saint Luc.

⁂

On nous assure que des fouilles sérieuses seront prochaine-
ment entreprises à Abou-Gosch.

On peut, dès aujourd'hui, prédire qu'elles seront fécondes.

On découvrira, peut-être, que le *castellum Emmaüs* était isolé
de la colline sur laquelle il repose, par un large fossé comme on

en voit partout, en Syrie, autour des châteaux que le temps a respectés, et cela fournira une preuve de plus, en faveur de l'opinion qui considère l'église d'Abou-Gosch comme formant deux édifices distincts.

L'escalier qui conduisait de la salle d'armes principale du *castellum* sur la plate-forme supérieure, est bien conforme aux données que l'on possède sur la construction de ce genre d'édifices.

Les fouilles démontreront qu'il existait un autre escalier conduisant de la salle principale à la salle basse où se trouve la source constatée en 1874.

.˙.

En résumé, la distance comprise entre Jérusalem et Abou-Gosch correspond exactement aux 60 stades qui, d'après saint Luc et Josèphe, séparaient Jérusalem d'Emmaüs, et les particularités du récit de Guillaume de Tyr peuvent, aussi exactement, s'appliquer au site d'Abou-Gosch.

Bien que l'évêque de Tyr désigne sous le nom d'Emmaüs-Nicopolis la localité où s'arrêta l'armée des Croisés, il fait observer que cet Emmaüs est celui de l'évangéliste saint Luc qui était distant de Jérusalem de 60 stades.

.˙.

En ce qui concerne l'antiquité des murs extérieurs de l'église d'Abou-Gosch, elle est prouvée par les mesures de la façade occidentale et de la façade septentrionale.

Le mur de la façade occidentale nous offre deux mesures qui, à elles seules, suffiraient pour en démontrer l'antiquité.

La cote extérieure est de *20ª,60*.
La cote intérieure est de *15ª,35*.
L'épaisseur du mur latéral, *2ª,60*.

Si l'on tient compte de la double erreur possible d'exécution et de relevé, on reconnaît que la première cote équivaut à 100 palmes de *205ᵐᵐ,714*, ou 50 pieds de *411ᵐᵐ,428;*

La seconde, à 100 palmes de *151ᵐᵐ,285* ou 50 pieds attiques de

308mm,5714; la troisième, à 20 palmes de *257mm,112* ou 10 coudées de *514mm,285*.

Les mesures de ce mur se trouvent ainsi ramenées à :

Cote extérieure : *20m,571*.

Cote intérieure : *15m,128*.

Deux épaisseurs de mur = *5m,1128*; soit pour une : *2m,571*.

Il semblerait, en conséquence, que les ouvriers du *castellum de Vespasien* faisaient usage de la série $\dfrac{720^{mm}}{VII}$ ou $\dfrac{720^{mm}}{XIV}$ qui leur donnait le *pied* et la *coudée attiques*.

On sait en outre que la coudée de *514mm,285* se rencontre au Parthénon d'Athènes [1]. La hauteur des colonnes extérieures est juste de 20 coudées de *514mm,285* ou *10m,2857*.

La coudée de *514mm,285* était celle de la kane ouvrière.

Dix pieds de *308mm,5714* font six coudées de *514mm,285*.

La cote intérieure du mur ouest d'Abou Gosch est donc 3/4 de la cote extérieure.

L'épaisseur du mur en est le 1/6.

De là une règle fort simple.

On établissait d'abord la largeur intérieure de 50 pieds. Le 1/6 de cette largeur donnait l'épaisseur des murs latéraux.

$$\frac{720^{mm}}{XIV}$$

	mm
I —	*51,128.*
II —	*102,857.*
III —	*154,285.*
IV —	*205,714.*
V —	*257,142.*
VI —	*308,571.*
VII —	*360.*
VIII —	*411,428.*
IX —	*462,857.*
X —	*514,285.*
XI —	*565,714.*
XII —	*617,112.*
XIII —	*668,571.*
XIV —	*720.*
XV —	*771,428.*
XVI —	*822,857.*

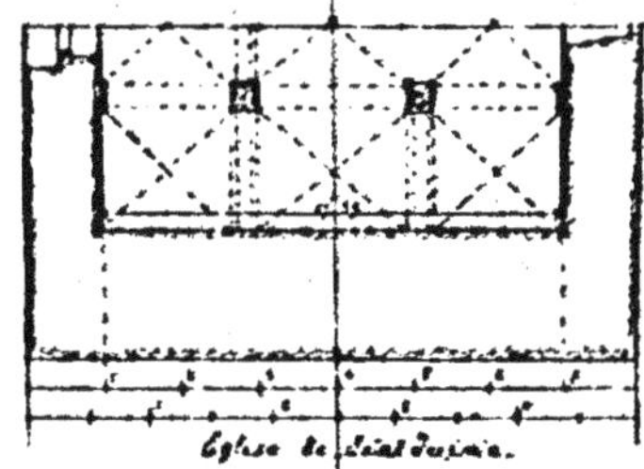

Église de Saint-Jean-d'Acre.

[1]. La largeur de la plinthe de la statue du pharaon Kephren est exactement de *514mm,285*.

Quant au mur ouest dont l'épaisseur est de plus de 4ᵐ,00, il est clair que cette épaisseur est faite de 10 pieds de *111ᵐᵐ,128* soit *4ᵐ,111*, ou 1/5 de la largeur *extérieure* du *castellum* qui est de *20ᵐ,5714.*

Cette énorme épaisseur s'explique par l'existence probable, à l'intérieur du mur, soit d'un passage ; soit d'un escalier que nous n'avons pu découvrir, à cause des décombres accumulés tant à l'intérieur qu'à l'extérieur de l'édifice.

Si donc, au lieu de rapporter les épaisseurs de murs à la cote *intérieure* du *castellum*, on les rapporte à la cote *extérieure*, on reconnaît que l'épaisseur des murs latéraux est 1/8 et celle du mur de face 1/5 de la largeur extérieure du *castellum* qui est de *20ᵐ,5714*, comme il est dit plus haut.

$$\frac{20^{m},571}{8} = 2^{m},571 = \text{Épaisseur des murs latéraux.}$$

$$\frac{20^{m},571}{5} = 4^{m},111 = \text{Épaisseur du mur de la façade occidentale.}$$

(Voir les plans dans l'*Église de Saint-Jérémie.*)

.*.

Une autre mesure très caractéristique est celle de la façade nord du *castellum.*

Les cotes relevées du mur nord actuel fournissent 27ᵐ,27.

M. Chauvet, dans son *Guide de Palestine*, a relevé 27 mètres.

Mais on peut voir d'après la planche (fig. 9) de l'*Église de Saint-Jérémie* que le mur oriental, dans l'angle nord-est, a été dépouillé de tout son ancien parement, et cela diminue d'autant la longueur du mur nord. On peut évaluer la partie manquante à 1ᵐ,50 environ ; ce qui porte la longueur du mur nord à *28ᵐ,77,* soit, à 3 centimètres près, 40 coudées de *720ᵐᵐ,* ou 56 coudées de *514ᵐ,285.*

Ce qui donne au mur nord de l'église d'Abou-Gosch une longueur théorique de *28ᵐ,80,* chiffre que l'on pourra vérifier quand on découvrira les fondations de ce mur.

Les deux coudées de *720ᵐᵐ* et de *514ᵐᵐ,285* sont entre elles comme $\dfrac{11}{10} = \dfrac{7}{5}$. Nous retrouvons ici une application remarquable du rapport antique 7/10. La longueur de la façade nord était à la longueur de la façade occidentale comme $7/5 = 11/10 = 2 \times \dfrac{7}{10}$.

.·.

L'esprit des anciens était hanté par les deux nombres 7 et 10. Nous n'en voulons pour preuve que la Bête de l'Apocalypse qui avait 7 têtes et 10 cornes. La métrologie donne la clef de cette étrangeté. On connaît la curieuse invocation de Josèphe au nombre *sept* dans son histoire du martyre des *sept* Macchabées :

« Heureux nombre *sept* qui se rencontre dans ces frères, n'avez-vous pas un mystérieux rapport avec ces *sept jours* qui forment le *cercle* de la semaine employée par Dieu pour la création du monde ? »

C'est la traduction idéalisée du fameux rapport 22/7 dont toute l'antiquité savante a fait usage : $C = \dfrac{22\,D}{7}$.

Une des plus intéressantes applications de la formule $C = \dfrac{22\,D}{7}$ est certainement le pied antique de *339ᵐᵐ,128* que M. Ch. Babin, ingénieur des ponts et chaussées, et membre de la Mission Dieulafoy, a constaté dans un monument de *Serpouli-Zoab*. (*Perse*).

Ce pied, qui vaut 11/10 du pied d'Égypte, vaut encore 1/7 de la circonférence des colonnes du *Pilier de Tello*.

Le diamètre de ces colonnes étant 756ᵐᵐ, le 1/7 de ce diamètre sera 108ᵐᵐ. — Leur circonférence $= 22 \times 108^{mm} = 2.376^{mm}$ comprend juste 7 pieds de *339ᵐᵐ,128*.

Le pied de *Serpouli-Zoab* est donc 1/7 de la circonférence des colonnes de Tello et 2/7 de l'ancienne aune de Marseille et de Paris qui valait 1.188ᵐᵐ.

Mais ce pied vaut aussi 11/10 de *308ᵐᵐ,5711*, ce qui conduit à l'expression suivante :

$$49 \times 308^{mm},571 = 20 \times 756^{mm}.$$
$$7 \times 308^{mm},571 = 10 \times 216^{mm}.$$
$$308^{mm},571 = 10/7 \text{ de } 216^{mm}.$$

Quarante-neuf pieds égyptiens de *308mm,5714* valent 20 fois le diamètre des colonnes de Tello. C'est ce qui nous a fait supposer autre part que le pied d'Égypte de *308mm,5714* avait pu être employé par les Chaldéens du temps de *Goudea*, puisqu'on peut le déduire du diamètre des colonnes de Tello :

$$308^{mm},571 = \frac{20}{49} \times 156^{mm}.$$

.•.

Quand Abd-el-Malek édictait que, pour les monnaies, la frappe des Roùm serait dorénavant abrogée et que 10 *derham* (en poids) vaudraient 7 *dinars*, ce khalife revenait ainsi à l'application de la règle antique des 7/10. Ce fut sans doute à l'instigation des savants de la Perse qu'Abd-el-Malek imposa cette règle aux monnayeurs de son empire.

.•.

Si, maintenant, nous résumons les mesures principales du *castellum* d'Abou-Gosch, mesures qui prouvent son antiquité nous obtenons :

$$\frac{308^{mm},571}{X}$$

I. —	30,8571
II. —	61,7142
III. —	92,5714.
IV. —	123,4285.
V. —	154,2857.
VI. —	185,1428
VII. —	*216*
VIII. —	*246,8571*
IX. —	*277,7142*
X. —	*308,5714*
XI. —	*339,4285*
XII. —	*370,2857*
XIII. —	401,1428
XIV. —	*432.*
XV. —	*472,8571.*
XVI. —	*493,7142.*
XVII. —	524,5714.
XVIII. —	*555,4285.*
XIX. —	586,2857.
XX. —	*617,1428.*

1° Façade occidentale $= 20^{m},5714$.

10 coudées de *511mm,285.*

50 — de *111mm,128.*

2° Façade nord = *28ª,80.*
    40 coudées de *720ᵐᵐ.*
    50   —   de *576ᵐᵐ.*
    56   —   de *514ᵐᵐ,285.*
    70   —   de *411ᵐᵐ,428.*

3° Longueur intérieure = *20ᵐ,5714.*
    40 coudées de *514ᵐᵐ,285.*
    50   —   de *411ᵐᵐ,428.*
    66 2/3 pieds de *308ᵐᵐ,5714.*

4° Largeur intérieure = *15ᵐ,428.*
    30 coudées de *514ᵐᵐ,285.*
    38,5   —   de *411ᵐᵐ,428.*
    50 pieds de   *308ᵐᵐ,5714.*

5° Épaisseur des murs latéraux = *2ᵐ,571.*
    5 coudées de *514ᵐᵐ,285.*
    6 1/4   —   de *411ᵐᵐ,428.*
    8 1/3 pieds de *308ᵐᵐ,5714.*

6° Épaisseur du mur occidental = *4ᵐ,11428.*
    10 coudées de *411ᵐᵐ,428.*
    8   —   de *514ᵐᵐ,285.*
    13 1/3 pieds de *308ᵐᵐ,571.*

.˙.

Nous aurions voulu pouvoir analyser les mesures intérieures
de l'adaptation des Croisés; mais nous ne possédons pas de

$$\frac{768^{mm}}{VII}$$

I. — *109,714* ᵐᵐ
II. — *219,428*
III. — *329,142.* — Perse.
IV. — *438,857.*
V. — *548,571.* — Perse.
VI. — *658,285.* — Grande hachémique.
VII. — *768.* — C. des architectes.

données suffisantes. Deux mesures, cependant, nous ont frappé :
la cote de 3^m,84 qui représente 5 coudées de 768^{mm} et la cote
des piliers $= 1^m$,31 qui vaut juste 4 pieds royaux de *329^{mm},142*.

Mais cela ne suffit pas, pour en déduire une mesure commune
à toutes les parties modernes de l'édifice.

Nous bornons notre étude à la constatation des mesures antiques appliquées aux parties de l'église d'Abou-Gosch que nous
considérons comme appartenant au *castellum* de Vespasien.

.٠.

L'usage de la coudée de 720^{mm} s'est perpétué en Orient. La
longueur de la mosquée *El-Aksa* à Jérusalem relève de cette
coudée qui vaut 5/4 de 576^{mm}, comme la coudée de 576^{mm} vaut
3/2 de 384^{mm}, — et cela explique qu'on peut rencontrer une
même unité de mesure dans un monument antique romain, mu-
sulman ou chrétien.

$\dfrac{576^{mm}}{VII}$	$\dfrac{493^{mm},714}{V}$
I. — 82,285.	I. — 98,7128.
II. — 164,571.	II. — 197,1857.
III. — 246,857.	III. — 296,2285.
IV. — 329,142.	IV. — 391,9714.
V. — 411,128.	V. — 493,7142.
VI. — 493,711.	VI. — 592,1571.
VII. — 576.	VII. — 691,2.
VIII. — 658,285.	
IX. — 740,571.	
X. — 822,857.	
XI. — 905,142.	
XII. — 987,428.	

Les musulmans ont conservé intacts les poids et mesures de
l'antiquité. La coudée sacrée des musulmans qui vaut *493^{mm},714*

n'est autre chose que la coudée ouvrière de la *decempeda* romaine. Elle vaut 5/3 du pied romain de $246^{mm},228$; 6/7 de la coudée de 576^{mm} et 3/4 de la *grande hachémique* de $658^{mm},285$.

Le pied royal de $329^{mm},112$, moitié de la grande hachémique, a été appliqué à l'une des dimensions du vase qui sert encore aujourd'hui aux mesureurs publics pour mesurer le blé dans les bazars de Jérusalem.

IMP. ORIENTALE A. BURDIN ET Cie, ALGER.

www.ingramcontent.com/pod-product-compliance
Ingram Content Group UK Ltd.
Pitfield, Milton Keynes, MK11 3LW, UK
UKHW021637130726
13696UKWH00005B/2260